Gwa

'art
earth
hearth
heart
art'

David Nash

David Nash yn ei loches yng Nghae'n-y-Coed

David Nash

Dyn y Coed

Carolyn Davies & Lynne Bebb

Addasiad Cymraeg Siân Owen

Gomer

Cyhoeddwyd gyntaf yn 2011 gan Wasg Gomer, Llandysul, Ceredigion, SA44 4JL

ISBN 978 1 84851 099 9

Noddir y llyfr hwn gan Lywodraeth Cynulliad Cymru

Argraffwyd a rhwymwyd yng Nghymru gan
Wasg Gomer, Llandysul, Ceredigion
www.gomer.co.uk

Diolchiadau

Dymuna'r awduron a'r cyhoeddwyr gydnabod yn ddiolchgar y cymorth a'r gefnogaeth a
gafwyd wrth baratoi'r cyhoeddiad hwn. Rydym yn hynod ddiolchgar i David Nash am ei
gefnogaeth a'i arweiniad ac i Jill Hollis am ddethol a darparu delweddau o'i chasgliad.
Dymuna'r cyhoeddwyr ddiolch i Cameron & Hollis (David Nash, Thames & Hudson, 2007) am roi
caniatâd i atgynhyrchu'r ffotograff ar y clawr a'r ffotograffau ar dudalennau 6, 8, 9, 12 de, 14,
15, 22 chwith uchaf, 25, 26-27.

Diolch hefyd i'r ffotograffwyr eu hunain am eu caniatâd i atgynhyrchu'r lluniau unigol. Lle
bu'n anodd olrhain y perchennog, mae'r awduron a'r cyhoeddwyr yn annog yr unigolion dan
sylw i gysylltu â Pont er mwyn sicrhau y rhoddir cydnabyddiaeth i'w cyfraniadau mewn unrhyw
argraffiadau dilynol.

Y ffotograffau: Lynne Bebb (29), Elisabeth Broekaert (15), Parc Cerfluniau Fforest y Ddena (5),
David Nash (delwedd y clawr, 6, 8, 9, 12 chwith, 14, 16-17, 18, 22 chwith uchaf, 26-27), Susan
Ormerod (12 de), Peter Telfer (22 chwith isaf, 23), Wolfgang Uhlig (25), Jonty Wilde (papurau
terfyn, 2, 3, 7, 10-11, 13, 19, 20, 21, 22 de uchaf, 22 de isaf, 24)

'Black Dome' yn yr eira

Mae David Nash, yr artist, yn defnyddio bwyeill, cynion a llifiau i wneud ei weithiau celf. Mae'n gweithio allan yn yr awyr iach ac mae'r gwynt, y glaw a'r rhew oll yn rhan o lunio ei gerfluniau. Dyma mae'n ei ddweud, 'Rwy'n gadael i'r tir ddangos y ffordd i mi.'

Gyda phren y bydd David yn gweithio. Mae'n deall iaith y coed. Mae brigau coed cyll, oestrwydd, derw caled a helyg hollt yn siarad ag ef, pob un yn ei ffordd arbennig ei hun.

Dyffryn Ffestiniog

Pan oedd David yn ddyn ifanc penderfynodd ddod i fyw yn
harddwch Bro Ffestiniog, yng ngogledd Cymru. Roedd ei deulu'n
arfer mynd yno ar wyliau, i aros gyda'i daid. Dyma ble daeth David
o hyd i'w gyfeiriad fel artist.

'Table with Cubes'

Ar y dechrau byddai'n gweithio gyda'r un defnyddiau ag oedd ganddo yn y coleg celf yn Llundain. Byddai'n casglu hen ddarnau pren o safleoedd adeiladu, ystyllod o hen dai a thrawstiau o ysguboriau wedi dymchwel. Yna sylweddolodd bod coed wedi syrthio ar lethrau'r mynyddoedd o'i amgylch ar gael i'w casglu a'u defnyddio ar gyfer ei gerfluniau.

'Cut Corners'

Roedd angen trin y pren hwn mewn ffordd hollol wahanol. Er i David gael trafferth deall, penderfynodd 'fynd amdani'. Roedd wrth ei fodd yn gweld sglodion pren yn neidio fel gwreichion, yn hedfan i'r awyr bob tro y byddai'n taro'r coedyn â chŷn neu fwyell. Hoffai'r marciau ar y coedyn wrth i'r offer ddilyn graen y pren. Byddai sŵn y fwyell yn adleisio yn y dyffryn ac arogl y pren ifanc yn ei gyffroi. O'r adeg honno ymlaen, bu'n cerfio siapiau cryf, eofn gydag ôl naddu ar yr arwynebau garw.

Cornel balconi, Capel Rhiw

Dechreuodd David wneud gwaith ar raddfa fawr. Cyn bo hir roedd angen peiriannau i'w helpu i godi a symud y cerfluniau trymion. Tyfodd ei gasgliad. Roedd angen rhywle i gadw'r cyfan. Prynodd Gapel Rhiw. Hen gapel hyfryd oedd hwn ac un o'r adeiladau mwyaf ym Mlaenau Ffestiniog. Yma roedd digon o le iddo gael trefnu, darlunio a thynnu ffotograffau o'i gerfluniau.

Stiwdio Capel Rhiw

Roedd pob math o ofod diddorol yn y capel ar gyfer cyflwyno
a llunio grwpiau o gerfluniau David. Defnyddiodd gilfachau
a chloerau, y ffenestri culion tal â'u gwydr lliw, a'r bwâu a'r
balconïau o amgylch yr atriwm golau.

Ond yr un olygfa oedd drwy ffenest y capel bob amser, sef
mawredd anhrefnus y domen lechi.

'Slate Shards on Oakeley Tip'

'Crack and Warp Column'

Haenau o lechi wedi hollti a malu, wyneb y graig wedi'i rwygo gan ffrwydron, gwenithfaen yn ymylon miniog, holltau tywyll, tyllau duon yn llawn cysgodion … roedd adleisiau'r rhain i gyd yn ei waith. Gwnaeth focsys wedi cracio, colofnau tal, silindrau cam a lympiau trwm garw. Roedd rhai o'r siapiau fel pennau a'r rheiny'n

'Nine Cracked Balls'

chwerthin yn ôl, yn wên i gyd o'r craciau a'r gwrymiau yn y pren.
Synnwyd David pan welodd graciau llydan yn dechrau ymddangos
yn y cerfluniau ar ôl rhai misoedd. Wrth i'r dŵr anweddu, roedd
y coedyn yn sychu a chrebachu. Sylweddolodd fod y pren yn dal i
symud drwy'r adeg. Hoffai'r syniad hwnnw.

'Ash Dome'

Ar lechwedd ger Cae'n-y-Coed, heb fod ymhell o stiwdio David, mae 'lle arbennig yn y coed' ble bydd yn archwilio cylch bywyd a marwolaeth y coed. Yn ôl David, mae derwen yn 'tyfu am ddau gan mlynedd, yn aeddfedu am ddau gan mlynedd ac yn marw am ddau gan mlynedd'. Pan oedd yn ddyn ifanc gwelodd yr holl goed aeddfed bendigedig yn cael eu torri a'u cludo o Gae'n-y-Coed, gan adael dim ond canghennau a brigau yn gwlwm blêr.

Ffotograff o 'Ash Dome' yn 2004

Ers hynny, bu David yn plannu coed yma. Mae'n gofalu amdanynt, gan ddweud: 'Mae'n anodd bod yn goeden gyda chynifer o bethau rheibus. Llygod, defaid, cwningod, ceirw a gwiwerod (rhain yw'r gwaethaf) – maen nhw i gyd yn cnoi rhisgl y coed.' Bydd David yn defnyddio hen dechnegau cadw coedlan. Gall siapio coed byw yn gylchoedd, cromenni a rhodfeydd, gan dorri a thocio ac impio'r canghennau ifanc er mwyn llunio ac amgáu 'lle' yn y coed sy'n 'tyfu' am flynyddoedd.

Chwarel Goed Ffawydd

Ni fydd David byth yn torri coeden fyw i wneud ei gerfluniau ond
pan fydd coeden wedi cwympo ar gael, bydd yn cludo'i offer a'i
beiriannau i'r safle, yn eiddgar i ddechrau ar y gwaith.

Meddai David: 'Mae'n brofiad arbennig iawn cael gweithio'r
coedyn ble bu'n byw a thyfu'n goeden.' Bydd y safle'n fwrlwm o
flawd llif, siapiau pren mawr, darnau dros ben, ceinciau, ac offer
gweithio: llif, trosol, cadwyn godi a winsh. Mae'n galw lle o'r fath
yn 'chwarel goed'.

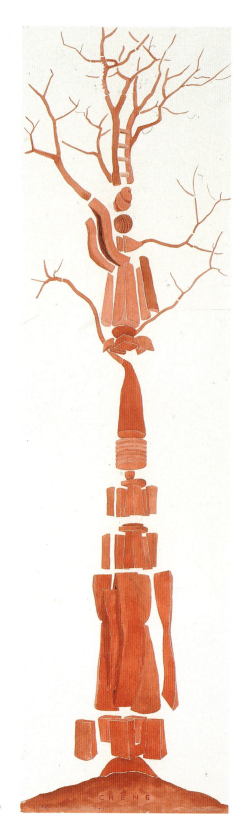

'Chêne' (Derwen)

18

'Platter and Bowl'

Bydd David yn defnyddio'r goeden gyfan, gan weld cerflun ym mhob rhan ohoni.

Gyda gwahanol rannau'r goeden o'i amgylch, bydd yn meddwl am bob darn ac yn mynd ati'n ofalus i gynllunio sut i'w ddefnyddio.

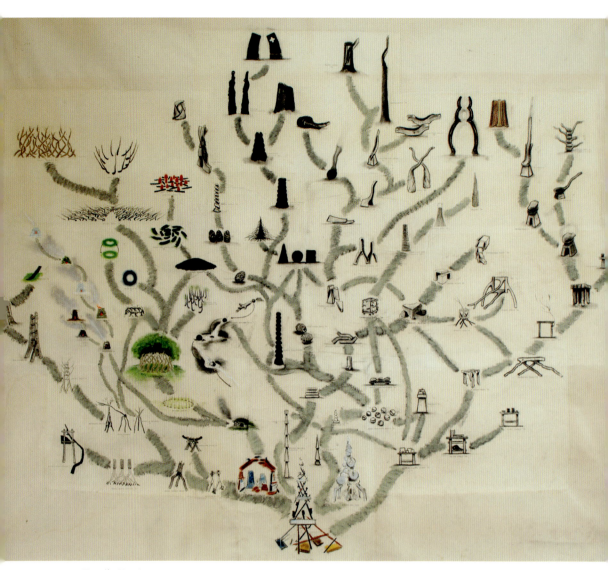

'Family Tree'

Mae'r cynlluniau eu hunain yn weithiau celf. Fesul darn, mae'r darluniau yn olrhain y daith o'r goeden ar y llawr i'r cerflun gorffenedig.

Bydd rhai cerfluniau yn barod yn y fan a'r lle yn ei chwarel goed. Bydd darnau eraill o'r goeden yn mynd i'r stiwdio, lle gall ddefnyddio offer mecanyddol.

David Nash a llif gadwyn

Dros y blynyddoedd, casglodd David sawl llif gadwyn o wahanol faint. Maen nhw'n swnllyd a phwerus ond mae David yn parchu'r perygl ac yn gweithio'n ofalus bob tro. Ar y llif gadwyn fwyaf, mae tua chant o lafnau torri miniog fel cyllyll. Gallai un camgymeriad eich lladd.

'Extended Cube'

'Three Lime Panels'

Cerflun ar y gweill

'Cracking Box'

Mae David yn gwneud bocsys, bowlenni, byrddau, cadeiriau, ysgolion a llwyau. Mae'n eu gwneud o bren onnen, pisgwydden, ffawydden, llwyfen, sycamorwydden ac ywen.

Mae pob coedyn yn ymddwyn yn wahanol. Mae rhai'n gyndyn o hollti; eraill fel petaent yn mwynhau cael eu trin. Mae edrychiad, arogl, a hyd yn oed flas pren yn amrywio.

'Black Trunk, Black Butt'

Mae blas rhyfedd ar y gelynnen, mae'r ywen yn sur a ffiaidd, ond mae arogl glân ar bren bedwen. Mae'r onnen yn wyn gloyw, a'r wernen yn troi'n goch, yna'n oren, wrth sychu. Weithiau, bydd David yn defnyddio tân i losgi rhywfaint ar ei gerfluniau a'u gwneud yn ddu. Mae lamp losgi yn rheoli'r fflam sy'n llyfu wyneb y pren fel brwsh paent a'i droi yn garbon du fel y nos.

'Pyramid, Sphere and Cube'

Wrth dynnu llun ar bapur, bydd David yn defnyddio siarcol i greu siapiau geometrig ei gerfluniau. Mae cylchoedd siarcol enfawr, trionglau a sgwariau yn cynrychioli ffurfiau solid y sffêr, y pyramid a'r ciwb. Mae'r ffyn siarcol brau yn malu dan ei fysedd, gan adael llwybr o lwch rhydd sy'n britho'r papur gwyn.

'Red and Black Sheaves', 2003   'Red and Black Sheaves', 2001

Yna bydd yn ychwanegu coch, gwyrdd a glas, gan ddefnyddio pastelau meddal arbennig sy'n troi'n friwsion ac yn hawdd eu rhwbio. Mae'r effaith fel mwg neu niwl rhyfedd yn ei luniau cynnil.

'Pyramids Rise, Spheres Turn and Cubes Stay Still'

Bydd David Nash yn treulio llawer o'i amser allan yn rhan o dirwedd Blaenau Ffestiniog, gyda'r glaw a'r gwynt a glas lwyd y llechi ar y llethrau. Yno, yn yr awyr iach, bydd yn casglu a didoli, meddwl a myfyrio, gwylio ac ystyried, adeiladu a gwneud.

Gwêl gytgord mewn natur wrth i'r elfennau ail-lunio'r cyfan drwy'r adeg: daear, aer, tân a dŵr: mae pob un yn chwarae ei

ran. Mae gwreiddiau'r coed yn ddwfn yn y ddaear. Mae arnynt angen aer a dŵr, ac mae angen goleuni a gwres o dân yr haul er mwyn byw a thyfu.

Meddai David: 'Mae'r tir yn byw ynof fi, yn union fel rwyf finnau'n byw yn y tir.'

Bywyd yr Artist

1945   Ganed yn Esher, Surrey

1949—1965   Treulio gwyliau'r haf gyda'i daid a'i nain yn Llan Ffestiniog, gogledd Cymru

1958   Derbyn ysgoloriaeth gelf i Goleg Brighton, Sussex

1963—1967   Astudio yng Ngholeg Celf Kingston

1967   Symud i Flaenau Ffestiniog

1968   Prynu Capel Rhiw

1969   Astudio yn Ysgol Gelf Chelsea

1971   Dechrau ei waith yng Nghae'n-y-Coed, Maentwrog

1972   Codi cwt yng Nghae'n-y-Coed

1973   Arddangosfeydd unigol cyntaf yn Oriel Bangor, a'r Queen Elizabeth Hall, Efrog, gan arwain at nifer o arddangosfeydd ledled y Deyrnas Unedig ac yn rhyngwladol, gan arddangos darluniau yn ogystal â cherfluniau

1975   Bwrsariaeth gan Gyngor Celfyddydau Cymru

1977   Plannu *Ash Dome* yng Nghae'n-y-Coed

1978   Cerflunydd preswyl yn fforest Grizedale

1980   Arddangosfeydd rhyngwladol cyntaf yn Efrog Newydd a Fenis

1981   Derbyn cymrodoriaeth ym Mharc Cerfluniau Swydd Efrog

Project cyntaf *Wood Quarry*: yna daeth projectau dilynol *Wood Quarry* ym Mhrydain a thramor

1982   *Arddangosfa Gymrodoriaeth*, Parc Cerfluniau Swydd Efrog

1999   Daeth yn RA, Academydd Brenhinol (aelod o'r Academi Frenhinol)

Penodwyd yn gymrawd ymchwil, Prifysgol Northymbria

Derbyn doethuriaeth er anrhydedd gan Brifysgol Kingston

2000   *Chwarel Goed – Wood Quarry*, Canolfan y Celfyddydau Gweledol, Caerdydd, a Neuadd y Farchnad, Blaenau Ffestiniog

2001   *Green and Black/Red and Black, new drawings and sculpture by David Nash*

Arddangosfa Deithiol Oriel 31

Casgliad Capel Rhiw, Oriel Gelf Glynn Vivian, Abertawe

2009   Artist nodedig yn Eisteddfod Genedlaethol Cymru, y Bala

2010   *David Nash*, arddangosfa adolygol fawr, Parc Cerfluniau Swydd Efrog

Cynrychiolir David Nash gan yr orielau canlynol: Annely Juda Fine Art, Llundain; Galerie LeLong, Paris, Zurich ac Efrog Newydd; Galerij S65, Aalst, Gwlad Belg; Oriel Nishimura, Tokyo; ac Oriel Haines, San Francisco.

Stiwdio awyr agored

Casgliadau

Oriel Gelf Abbot Hall, Kendal

Oriel Gelf Aberdeen

Cyngor Celfyddydau Prydain Fawr, Llundain

Amgueddfa ac Oriel Gelf Bryste

Cyngor Prydeinig, Llundain

Llyfrgell Brydeinig, Llundain

Cyngor Camden, Llundain

Cyngor Dinas Caeredin

Cymdeithas Gelf Gyfoes, Llundain

Canolfan Conway Centre, Ynys Môn

Llwybr Cerfluniau Fforest y Ddena

Casgliad Celf y Llywodraeth, Llundain

Parc Cerfluniau Fforest Grizedale, Cymbria

Oriel Gelf Dinas Leeds

Amgueddfa ac Oriel Gelf Caerlŷr

Cyngor Dinas Manceinion, Birchfield Park

Oriel Gelf Mappin, Sheffield

Amgueddfa Cymru, Amgueddfa Genedlaethol Caerdydd

Gwasanaethau Amgueddfeydd a Chofnodion Dinas Portsmouth

Oriel Gelf Fodern Genedlaethol yr Alban, Caeredin

Corfforaeth Ddatblygu Sheffield

Oriel Gelf Southampton

Casgliad y Tate, Llundain

Oriel Gelf Towner, Eastbourne

Prifysgol Morgannwg

Prifysgol Southampton

Prifysgol Bangor, Cymru

Amgueddfa Victoria ac Albert, Llundain

Cymdeithas Gelfyddyd Gyfoes Cymru, Caerdydd

Parc Cerfluniau Swydd Efrog, Wakefield

Casgliadau yn Awstria, Gwlad Belg, Canada, Denmarc, y Ffindir, Ffrainc, yr Almaen, Iwerddon, yr Eidal, Japan, Corea, Macedonia, yr Iseldiroedd, Gwlad Pwyl, UDA a Venezuela..

Manylion y cerfluniau a'r ffotograffau